여름비 내리는
창가에서

여름비 내리는 창가에서

초판 1쇄 발행 2025년 12월 30일

지은이 최승관
펴낸이 장길수
펴낸곳 지식과감성#
출판등록 제2012-000081호

교정 이주연
디자인 김희영
편집 김희영
검수 김지원, 정윤솔
마케팅 김윤길

주소 서울시 금천구 벚꽃로298 대륭포스트타워6차 1212호
전화 070-4651-3730~4
팩스 070-4325-7006
이메일 ksbookup@naver.com
홈페이지 www.knsbookup.com

ISBN 979-11-392-2982-0(03810)
값 10,000원

• 이 책은 강원특별자치도, 강원문화재단 후원으로 발간되었습니다.

지식과감성#
홈페이지 바로가기

여름비 내리는 창가에서

최승관 시조집

지식과감성#

차례

1부 메밀꽃 피는 마을

가을 산책 10
꽃샘 11
냉이꽃 12
봉평 메밀꽃 13
마음이 울적하면 14
은하수 16
황지연못 17
도시의 그늘 18
복수초 19
섬강 20
아침가리 21
여의도 22
잠들지 않는 도시 23
한강 24

2부 창가에 내리는 여름비

여름비 내리는 창가에서 26

모카를 마시며 27

여름비 28

오래된 식탁 29

동강의 별 30

꽃단풍 31

비의 발자국 32

아버지의 망치 33

고뿔 34

산사의 오후 35

새벽 비 36

왜 검정 꽃은 없나요 37

이명 38

해 질 무렵 39

3부 한계령 가을 편지

한계령 42
강원의 꿈 43
닥풀꽃 44
예불 45
사리탑 46
겨울 평창강 47
미탄리 48
섶다리 49
약속 50
샛강 51
여인숙 52
은사시나무 숲 53
새벽 시장 54
태백산 55

4부 남항진에 부는 바람

사북 탄광에서 58
남항진 60
단풍 편지 61
산촌 일기 62
장호항 63
아버지의 등 64
겨울로 가는 길 65
경포호수 66
장날 67
고라니 68
어름치 69
항아리 70
귀향 71
우리 만나요 72

5부 은하수는 흐르고

은하수 74
일출 75
입춘 76
햇볕 이불 77
빈집 78
유리화 79
짝사랑 80
집으로 가는 길 81
시선 82
평창강 83
조팝꽃 필 때면 84
테트리스 85
저녁 무렵 86
전주 경기전 87

1부

메밀꽃 피는 마을

· 가을 산책
· 꽃샘
· 냉이꽃
· 봉평 메밀꽃
· 마음이 울적하면
· 은하수
· 황지연못
· 도시의 그늘
· 복수초
· 섬강
· 아침가리
· 여의도
· 잠들지 않는 도시
· 한강

가을 산책

이른 별 머뭇대는 서녘 하늘 펼친 노을
가을볕 물든 낙엽 더 곱게 덧칠하고
계곡물 흐르는 소리
땅거미와 겹쳤다

흠씬 밴 시름이야 세월의 눅진 선물
남대봉 올려보면 솔바람 향기롭다
쳇바퀴 다람쥐처럼
돌고 돌던 한평생

이제는 비워야지 짙었던 나만의 숲
날갯짓 그만 접고 조붓이 걸어갈까
초승달 희부연 외길
밝혀주는 별자리

꽃샘

봄 햇살 따사로운 오솔길 걸어가요
꽃향기 휘날리면 내 맘도 훨훨 날아
두둥실 풍선이 되어
어디론가 떠나요

시샘도 사랑한단 표현이라면서요
어디서 뭘 하는지 때때로 궁금해요
한겨울 소식 없어도
노란 꽃 핀 복수초

다칠까 꽃잎 피해 어정쩡 조심 걸음
앞서거니 뒤서거니 다시 잡은 따스한 손
연분홍 꽃이 된 눈빛
어쩌라고 이 봄을

냉이꽃

피기 전
캐내야지 꽃 피면 못 먹는다

다 못한 봄
이야기 남기고 떠난 엄마

꽃 피고
지고 또 지고
식어버린 냉잇국

봉평 메밀꽃

꽃으로 태어나길 얼마나 기다렸나
한여름 꽃들 사이 수줍게 꽃잎 열어
들녘을 빼곡 채우며
흰 바다를 이뤘다

잔잔한 엷은 미소 모자란 살림살이
가녀린 몸짓으로 모진 풍파 견디어 낸
어머니 무명 저고리
새하얗게 낡았다

풍족하진 않았지만 희망은 가득했다
척박한 화전마을 가파른 그 길 따라
어릴 적 부푼 꿈 심어
희고 맑게 피었다

마음이 울적하면

마음이 울적하면 창밖 하늘 보아요
그래도 울적하면 창밖으로 나오세요
그리고 낙엽이 깔린
길을 걸어 보아요

아직도 울적하면 날 향해 손짓해요
나 또한 울적한 맘 우리 함께 걸어봐요
손잡고 아무 말 없이
낯선 길로 떠나요

외로운 사람끼리 그리운 사람끼리
낙엽송 길을 지나 오솔길을 거닐다가
호숫가 벤치에 앉아 맑은 물을 보아요

그리곤 계속 가요 아무도 간 적 없고
아무도 본 적 없는 둘만의 호젓한 길
앞섰다 뒤섰다 하며
길을 계속 걸어요

마음이 울적해지면 나를 향해 손 저어요

언제든 달려가서 손잡아 드릴게요

그리곤 호젓한 길 함께 걸어갑시다

은하수

어릴 적 샛강에는
물고기 꽤 많았지

아파트 들어선 뒤
밤하늘 올라갔나

물비늘
반짝거리며
흘러가는 별 강물

황지연못

솟아라
멀고 먼 큰 바다에 닿기 위해
저 깊은 심연의 샘 수천 년 잠에 깨어
용트림 태백을 감고
낙동강이 되었다

목마른 대지 위에 긴 세월 빗은 물길
시작의 초연함도 도전의 설레임도
한반도 강으로 만나 적셔주고 싶었다

흘러라
내륙 거쳐 남해로 흐르거라
부둥켜 서로 안고 옥토로 빗어주렴
황지천 겨레의 시작
한 몸으로 출렁인다

도시의 그늘

가로수 그늘 아래 한여름 조는 거리
데워진 아스팔트 햇볕에 출렁이고
중앙선 두 줄 나란히
뒤틀리며 춤춘다

회색빛 잠든 도시 느긋이 쉴 양이면
어딘가 매미 소리 따갑게 울어 대어
오후는 정적을 깨고
기지개를 펼친다

뜬구름 잡으려던 날들이 몇 날인가
허공을 맴돌았던 가질 수 없는 꿈들
이제야 작은 꿈 갖고
활개 펴는 한나절

골목길 부는 바람 유달리 시원해서
고향 숲 그늘 같아 향수에 깜빡 졸다
화들짝 자동차 경적
소스라쳐 잠 깬다

복수초

이때쯤
봄 온 걸까
잔설 속 내민 얼굴

혹한에
모아뒀던
양지쪽 따스한 볕

겨우내
소중히 품어
막 피워낸 노란 꿈

섬강

빈 배로 출렁이는 가슴속 강 나루터
네 발길 멈춰있고 시간은 잠겨있어
그리움 파도로 넘쳐
난 갈 길을 잃습니다

얼마나 더 아파야 내 삶이 아물까요
갈대밭 물오리들 저토록 희망찬데
저 태양 저물기 전에
노를 젓고 싶습니다

기다림. 널어두고 젖은 가슴 다 마르면
강 건너 불빛 따라 잔물결로 가렵니다
은하수 쪽배로 흘러
그대 강에 닿기까지

아침가리

아침에 열린 하늘 점심에 닫아거는
눈 뜨면 하늘이고 감으면 숲 내음뿐
그래도 산촌이 좋아
태백산에 움텄다

농기구 챙겨 들고 재말랑 겨우 넘어
묵은 밭 갈아엎고 씨 뿌려 덮고 나면
짜르르 알싸한 허기
서산 해가 보챈다

고라니 울음소리 간간이 들려오듯
밤하늘 알려주는 해묵은 소식마저
무심히 애써 모른 척
풀잎처럼 눕는다

여의도

기억 속 너를 안다 비행장 땅콩밭을
나룻배 마포나루 밤이슬 젖을 때쯤
강 건너 울며 부르던
사랑하는 여인아

한강 물 몇 굽 돌아 네 앞에 멈췄을 때
두 갈래 나눠 흘러 풍랑을 잠재우고
밤섬에 한 번 더 쉬어
깊은 사랑 이뤘다

서로가 놓은 다리 애타게 엮은 만남
바다가 하나이듯 육지로 이은 남북
모래알 수많은 사연
영원토록 풀고자

잠들지 않는 도시

할로겐 자정 넘어 환하게 밝힌 거리
네온등 가슴 품고 가로수 시달리면
불 꺼진 빌딩 사이로
떨고 있는 전깃줄

안단테 느린 걸음 지하도 모서리에
눅눅한 자리 펴면 지울 수 없는 기억
이대로 멈추지 않는
잠이 될 순 없을까

꿈조차 헝클어져 이명만 소란하다
올 풀린 옆구리엔 찬 바람 스며들고
이따금 발걸음 소리
쉬이 잠 못 이룬다

한강

도도한 물결 위로 새벽은 다가오고
굽이쳐 흐른 물결 물안개 파문처럼
긴 역사 흘러온 세월
한 민족과 살았다

오천 년 시달린 강 몇 번을 뒤척였나
돌아온 굽이마다 뼈아픈 깊은 상처
아버지 바라던 소망
언제쯤에 이룰까

언젠간 만나겠지 그리운 저 먼바다
흐르고 흘러내려 앙금조차 씻긴다면
한반도 깨끗한 나라
새 물결로 흐르리

2부

창가에 내리는 여름비

· 여름비 내리는 창가에서
· 모카를 마시며
· 여름비
· 오래된 식탁
· 동강의 별
· 꽃단풍
· 비의 발자국
· 아버지의 망치
· 고뿔
· 산사의 오후
· 새벽 비
· 왜 검정 꽃은 없나요
· 이명
· 해 질 무렵

여름비 내리는 창가에서

밤새운 궂은비가 먼동마저 늦추었다
정원은 살아나고 숨죽인 맨드라미
해맑던 나리꽃 하나 눈물처럼 젖었다

소녀는 내게 한때 수줍은 천사였다
구겨진 우산처럼 버려진 젊던 그날
그 어떤 변명도 없이
떠나버린 내 청춘

여름비 내릴 때면 창가는 서러웠다
속울음 흩뿌리듯 유리창 적시는 비
닫았던 기억 떠올라
모로 서서 울었다

모카를 마시며

대관령 안개 걷고 봉우리 드러내면
혹여나 햇살 들까 왕산골 질긴 장마
커피잔 입가에 대고
눅진한 향 맡는다

쉼 없이 달려온 길 숨 한번 돌리련만
비구름 멈춘 뒤에 저 혼자 남았구나
여름이 다 가기 전에
돌담마저 손볼까

햇살에 데친 능선 빼꼼히 내민 하늘
지루한 늦은 장마 이제야 그치려나
후드득 여우비 내려
눅진한 맘 후빈다

여름비

보채던 한낮 열기
소나기 토닥토닥

점묘화 그려지는
수변공원 아기 연못

잠자리
화들짝 놀라
숨어든 곳
우산 속

오래된 식탁

몇 번을 돌려서야 수평이 맞아졌다
냄비에 데인 상처 수저에 긁힌 자국
또르르 흐르던 물길
이제 겨우 멈췄다

대물림 이은 가난 자식에 줄 수 없어
쌀뒤주 박박 긁어 서울로 보내 놓고
매 끼니 밥상 하나쯤
바꿔줄 듯하련만

바닥이 기운 걸까 다리가 휘어졌나
자리를 옮기면서 모서리 맞추면서
어쩌다 맞춰진 중심
조심스레 세웠다

오붓이 멈춘 시간 실바람 창틀 소리
봄 햇살 가득 들어 온 가족 둘러앉아
이 빠진 둥그런 식탁
조붓하게 앉았다

동강의 별

짙푸른 물결 위로 파문은 멈췄는가
산맥을 넘어서며 등짐을 부려놓고
한시름 바람에 얹혀 한강 물에 띄우고

나 하나 숨 멎은들 그 뉘가 기억할까
세월이 듣는 귀로 수백 년 살아간들
어린 날 궁중 아이로 재롱 필 날 있으랴

영화도 권력 나름 백 년도 잇지 못해
한낮 꿈 만수한들 백토가 될지인데
때때로 깊은 잠 깨어 구천 하늘 맴돌 뿐

이대로 의식 없이 수의도 못 입은 채
한 시대 살았음을 기쁘게 맞아야지
어둠은 모두 가질 것 별자리면 족하리

꽃단풍

맞을까
지금 저건
새 꽃이 틀림없어

여름내
활짝 폈던
그 자릴 대신했어

찬 서리
불 때쯤 피는
가을꽃이 분명해

비의 발자국

가로등 홀로 서서 골목길 불 밝힌다
한여름 내리는 비 온몸이 젖은 채로
기다림 그 누구길래
불면으로 새울까

흘러간 세월만큼 변할 줄 알았건만
늘어간 주름 깊이 수심만 가득하다
젊을 적 꿈 많던 시절
빗소리에 젖어 들고

달동네 평생 걸어 익숙한 가쁜 언덕
빗줄기 떨군 자리 발자국 세어가며
이 가난 언제 그칠까
자박자박 걷는다

아버지의 망치

옹골진 석벽조차 빈틈은 엿보였다
결 찾아 쪼아 대던 아버지 겨운 팔뚝
무뎌진 정 날 끝자락
바람 소리 통했다

꾹 다문 만년 결속 침묵을 들춰내면
암담한 굳은 약속 어떻게 이어갈까
희디흰 탯줄 한 줄기
겨우 찾은 암벽 속

천 갈래 널린 한숨 훔쳐보는 마른 수건
지독한 가난 따윈 물려주지 말아야지
구름은 바람에 밀려
칼바위에 베인다

고뿔

늦가을을 앓았다 주기처럼 오는 기침
환절기 손님이 된 반가운 친구인데
방심한 빈틈 사이로
준비 없이 닥친다

명료한 기억 하나 불현듯 떠오른다
비닐은 못 먹는다. 캡슐 약 까주셨던
무지한 아버지 사랑
이맘때면 살아난다

가진 것 없었지만 행복했던 어린 시절
배우지 못했지만, 성실했던 청년 시절
감출 수 없는 기침이
눈물 먼저 터진다

산사의 오후

새파란 가을 하늘
바다일까 우는 목어

추수 별 깜박 졸다
화들짝 산비둘기

얼떨결
베어 문 허공
파란 한 입 벅차다

새벽 비

밤새워 창 두드린 숨죽인 네 목소리
잠자리 불면 삼아 빈 생각 다 태웠다
잊을까 어찌 잊을까
그 많았던 이야기

말 없는 그 눈물에 허락한 아픈 이별
황망히 갈길 잃고 노 젓는 망망대해
등대섬 그 어디에도
찾을 수가 없었다

빗소리 음악처럼 여명과 함께 온다
오늘따라 새벽닭은 왜 저리 울어 댈까
만남은 예고된 이별
영원하지 않은 것

왜 검정 꽃은 없나요

봄가을 계절 내내 피고 지는 작은 화단
찬 서리 몰아쳐도 동백은 피어났다
멋쩍은 물동이 들고
희망 꽃을 기다린다

때 묻지 않은 양복 빛나는 검정 구두
세 번째 면접시험 발걸음 재촉한다
첫 직장 화려한 책상
원한 것은 아니다

잿빛 도시 빌딩바람 라인과 가쁜 일상
카멜레온 변화로도 맞서지 못하는 꿈
색깔이 화려해야만
꽃이 될 수 있나요

이명

잠든 밤 유성 하나 꿈결에 스며든다
맴도는 일상 접고 가부좌로 접는 하루
소음은 예상치 않은
자객 되어 넘보고

빗장 건 대문 아래 돌쩌귀 긁는 소리
밑줄 친 문장마다 한 번 더 짚어가며
어쨌든 한 줄이라도
돌려받고 싶었다

꼼꼼히 돌아보면 바꾸지 못할 활자
닫은 채 안고 사는 체념이 현명할까
날마다 혼자 싸움에
날 새는 줄 모른다

해 질 무렵

태양이 망설인다 하루가 저무는가
창밖은 아직 미명 의식만 채비하여
땅거미 젖는 거리를
안개 되어 나선다

뼈와 혼 나눠 놓은 노을빛 저 빛일까
쉼 없이 살아온 길 단 한 번 불꽃 되어
차가운 어둠 속으로
절규하듯 잠기면

눈 감고 잠이 들면 새벽이 다시 올까
저 혼자 요람으로 스며든 의식 하나
윤회의 달콤한 갈망
기대하는 그 시간

3부

한계령 가을 편지

· 한계령
· 강원의 꿈
· 닥풀꽃
· 예불
· 사리탑
· 겨울 평창강
· 미탄리
· 섶다리
· 약속
· 샛강
· 여인숙
· 은사시나무 숲
· 새벽 시장
· 태백산

한계령

오르면 내릴 것을 염려한 까닭일까
정상에 올라서면 저절로 가슴 벅차
한 줌인 저 푸른 동해
숨 고르며 반갑다

치열한 도시의 삶, 이 가을엔 비워야지
설악산 단풍 되어 겉옷을 벗겨내듯
푸르른 하늘빛 물든
태백산맥 넘고자

갈바람 날 떠밀어 벗어라 내려가라
숨 가쁜 계곡 따라 색색의 물든 낙엽
이정표 뚜렷이 새긴
그 옛길을 넘는다

강원의 꿈

동해의 물결 타고 새날이 밝아오면
척추로 뻗어 내려 기상하는 태백산맥
오천 년 한반도 역사
묵묵하게 지켰다

역사에 시달린 강 몇 번을 뒤척였나
부서진 관절마다 새살을 돋게 하고
한민족 생명수 원천
강원에서 샘솟았다

남북한 경계 풀고 금강산 가는 길목
겨레의 혈맥 따라 우린 다시 만나리라
새 태양 남북을 비춰
금빛으로 물든다

닥풀꽃

풀 먹인 무명 치마
설핏 떠난 엄마 같다

단 한 번
못다 핀 꽃
한 되어 펼친 걸까

빛바랜
단벌 저고리
곱게 접힌
옷고름

예불

일주문 안개 젖어 어렴풋이 열린 새벽
노송 숲 잠 깬 산새 기지개 켜는 소리
사리탑 안개를 털고
깊은 잠을 접는다

먼 길을 돌아왔다 다람쥐 걸음으로
남긴 것 하나 없이 가진 것 하나 없이
노송에 새긴 주름처럼
세월만이 흐르고

되돌려 못 가는 길 갚을 수 없는 업보
차분히 빗어 내린 대웅전 기와처럼
흩어진 마음 다듬어
이슬 되어 젖는다

사리탑

노송 숲 감싸인 채 만날 날 채비하는
사리탑 밑동에 핀 제비꽃 여린 꽃잎
봄소식 담고 온 바람
갈길 접고 머문다

치열한 세상 욕심 탑 아래 조아리고
새소리 잠시 멈춘 태곳적 정적 속에
낯익은 오후를 열고
태어나는 새싹들

억겁을 물고 있던 입 열리면 샘이 틀까
앙다문 돌 뚜껑 틈 사이 들리는 말
비우라 전부 비워라
움직임은 한낮 꿈

겨울 평창강

쪽 마을 외로 도는
살얼음 강물 위로

솔가지 빼곡 엮어
흙 덮은 쌍섶다리

싸락눈
하얀 맨발로
조심조심 건넌다

미탄리

멀고 먼 내 고향집 마음속 가까웠다
화전 밭 평생 일궈 자식들 키워내고
아버지 그 땅에 묻혀
기약 없는 기다림

가뭇한 어린 시절 기억도 아스라이
푸른 잎 미루나무 허공에 손짓하듯
이루지 못한 꿈 조각
낯선 도시 펼쳤다

저 언덕 넘어서면 어린 내가 반겨줄까
수십 년 타향 접고 마주한 미탄 옛집
무너진 돌담 틈새로
흐드러진 개망초

섶다리

한겨울 오기 전에 너에게 가고 싶다
솔가지 얼기설기 엮어낸 그 길에는
오래된 연민을 얹어
차곡차곡 보듬고

하얀 눈 소복소복 발자국 찍어가며
외면한 너의 곁에 머물고 싶었단다
빛바랜 낙엽을 업고
조심스레 건넜지

새봄은 곧 올 텐데 언제나 널 만날까
스러질 길 위에서 불러본 너의 이름
만남은 헤어질 약속
긴 겨울도 짧았다

약속

첫 장은
여백마다 다짐만 수북하다
숨죽인 창을 열고 맞이한 겨울바람
방 안은 아우성치고
머리 풀은 빈 커튼

가꾸고
매만지면 손때만 요란할까
때마다 딛는 계단 몇 단을 못 넘기고
헛딛는 발목에 잡혀
난간만큼 멈췄다

출발은
먼 곳부터 기다림에 지쳐가고
언덕을 힘껏 올라 말안장 다질 즈음
골목길 벗어난 저 끝
겨울 햇살 착하다

샛강

먼바다 닿으려면
큰 강부터 만나야 해

서둘러도 넘지 못할
순서는 있는 거야

꾸준히
흐르다 보면
꿈 이룰 날 있단다

여인숙

방범등 조는 불빛 한밤중 쪽 유리창
떠나지 못한 손님 창문에 맺힌 눈물
두터운 솜이불 덮고
겨우 잠을 청한다

꿈일까 생시일까 선잠 깬 방 안 가득
오래된 사방 무늬 천장 벽지 어지럽다
여민 옷 파고든 한기
갇힌 방에 넘치고

창문 밖 바람 소리 다독이듯 들리는데
긴 악몽 밤새 꾸는 하얀 밤 맑은 어둠
먼 아침 밝은 새날이
과연 올까 두렵다

은사시나무 숲

통한의 깃대 세운 한 무리 흰 기병대
산기슭 등선 넘어 진지를 구축한다
북서쪽 삭풍 한설에
대적하는 흰 창검

서낭당 느릅나무 부릅뜬 성벽 아래
칼바람 겨울 장군 갈기갈기 찢긴 깃발
언 하늘 허연 신음에
떨고 있는 벗은 산

한낮 꿈 절대 권력 스쳐 간 부귀영화
바위 끝 웅숭그린 긴장된 붉은 눈빛
말발굽 짓밟힌 동면
하얀 깃발 하얀 눈

새벽 시장

할머니 먼동 무렵
궁시렁 여는 좌판

홍시 연시 한숨 얹어
하나둘 진열한다

발그레
손자 볼때기
기억날 듯 안 날 듯

태백산

태초의 비밀들을 품 안에 감춘 걸까
천제단 제천의식 수천 년 이어온 산
한반도 척추를 타고
소백으로 갈랐다

구름 속 함백 정상 신들과 머물 즈음
아득한 지난 세월 헛되다 세상 욕심
금강송 곧추선 솔잎
송곳 되어 찌른다

낙동강 한강 발원 오 천년 흐른 세월
내딛는 걸음걸음 어디든 산이구나
강원도 수려한 경관
태백 속에 숨겼다

4부

남항진에 부는 바람

· 사북 탄광에서
· 남항진
· 단풍 편지
· 산촌 일기
· 장호항
· 아버지의 등
· 겨울로 가는 길
· 경포호수
· 장날
· 고라니
· 어름치
· 항아리
· 귀향
· 우리 만나요

사북 탄광에서

태곳적 잠든 어둠 분연히 깨어진다
숨죽인 혈맥 찾아 내면을 더듬다가
응고된 어두운 살결 깊은 침묵 캐낸다

그 누가 이 열기를 막장이라 불렀는가
힘겹게 희망 찾아 버팀목 세운 길목
숨 가쁜 호흡 따위는
참아 낸 지 오래다

꺼지는 모닥불을 들추는 간절함이
아버지 소원으로 바뀌는 사북 탄광
한겨울 시린 발
녹여 웃는 얼굴 본다면

가슴 병 일찍 가신 그 넋이 갚아질까
처절하게 살아온 길 기억이나 해준다면
멍 뚫린 그 가슴속을
채워줄 순 있겠지

언젠가 밝은 태양 뜨는 날 그날 오면
한 시대 한 세대는 갱도 속 묻힌 채로
너무도 길었던 동면 흔적으로 남을까

남항진

파도가 부서지는 물새 떼 모래언덕
뜨겁던 여름 태양 돌섬에 감춰 두고
수평선 아득한 저곳
구름 한 점 떠있다

나란히 걷던 해변 모래펄 그대론데
쓸쓸한 외갈매기 저 혼자 울고 있나
지워진 발자국 위로
물거품만 스치고

수평선 저 끝에서 만나는 하늘 바다
소실점 철로처럼 만남은 착각되고
방파제 거친 파도만
소리 내어 울었다

단풍 편지

잎사귀 잎 한잎 두잎 물든 채 떨어지면
멍 뚫린 벌레 자국 일부러 골라낸다
책갈피 곱게 끼워둔
그 가을의 내 마음

뜨겁던 여름 태양 어디로 떠나갔나
정열이 넘쳐나던 그 시절 내 젊은 날
담쟁이 돌담을 타고
오르려던 것처럼

설레는 마음 안고 책장을 넘길 때면
묻어난 한장 한장 그 옛날 낙엽 편지
부끄럼 홍조를 띠고
써 내려간 사연들

산촌 일기

서산에 걸친 해님
낮달에 밀려가고

너와집 굴뚝 연기
고즈넉 감골 마을

하나둘
등불 켜지면
마실 오는 저녁별

장호항

수평선 끝닿은 곳 아득한 내 육지여
밤새워 펼친 그물 일출 함께 걷어낸다
은비늘 햇살에 비춰
번뜩이는 첫새벽

뭍으로 가는 길은 언제나 너무 멀다
물 위에 보낸 평생 짜디짠 이순의 삶
닻 문신 팔뚝에 새겨
평생 함께 살았다

갈매기 머무는 곳 외로운 등대 찾아
초승달 손짓 따라 갈 길을 채비하면
뱃머리 부딪는 포말
긴 하품에 젖는다

기지개 새벽 부두 활어들 활기차다
만선의 갑판 가득 번뜩이는 밤샘 결실
장호항 분주한 아침
새 태양이 밝았다

아버지의 등

아버지 어깨 위에 은비늘 묻어있다
먼동을 등에 지고 새벽에 돌아오면
만선을 부두에 내려
하루 일을 접는다

그물로 일군 평생 등짐의 푸른 바다
그 넓은 등에 업혀 사 남매 자라왔다
새로운 그물을 들고
도시로 간 자식들

감춰 온 아픔들이 흠뻑 담긴 칠순의 등
수평선 먼바다는 아는 듯 출렁이고
젊어진 등 푸른 생선
아침 햇살에 빛난다

겨울로 가는 길

한낮의 태양 볕이 옅어지기 시작하면
스산한 바람결에 나뭇잎 떨어지고
동면의 그림자 따라
미련 없이 가는 길

숨겨둔 비밀의 숲 이 가을엔 펼치리라
후두둑 아람 벌려 떨구는 밤알처럼
찬 바람 등을 떠밀어
속절없이 떠나는 길

가진 것 다 내놓고 버릴 것 다 버리고
동면의 그 겨울이 어디쯤 머물던가
하얀 눈 못내 그리워
바람 따라 걷는 길

경포호수

오래전 바다 막혀 물 덤벙 생겨났다
얼마나 저 혼자서 흐르고 싶었을까
수평선 너무 그리워
물보라를 던졌다

백사장 곁에 두고 길게 두른 산책 도로
사계절 낯선 얼굴 몇 차례 바꿔가며
경포호 대관령 비춰
산 하나를 담았다

옛 연인 바람 한 점 묻혀온 그 향기는
물일까 바다일까 소금기 품은 냄새
갇혔던 물길을 열어
먼바다로 떠날까

가로등 불 밝히면 들리는 파도 소리
그리운 네 목소리 밤새워 듣고 싶다
호숫가 달빛에 젖어
외갈매기 잠들 때

장날

할머니
홍시 몇 개
좌판에 올려놨다

담장 곁 애지중지
여름내 키워온 놈

어쩌나
팔려도 걱정
안 팔려도 또 걱정

고라니

가로수 은행나무 화물차 스쳐 간 길
색 바랜 노란 잎들 비처럼 흩뿌리면
길 잃은 어린 고라니
갈 길 찾아 서둔다

되돌아 지나온 길 언제나 서툴렀고
쉼 없이 달려온 길 낯설긴 마찬가지
이윽고 멈춰 선 자리
어디인가 이곳은

배수로 장벽 따라 무작정 가야 하나
부르는 친한 이름 누구도 대답 없고
메아리 산등성 타고
새벽 산을 넘는다

어름치

인적이 닿지 않은 깊은 산 시냇물 속
점박이 물고기가 신나게 놀고 있죠
어름치 이름도 웃긴
개구쟁이 놈이야

산새도 친구하고 가재도 이웃하며
맑은 물 산골짜기 고향도 멋지지요
가끔씩 사람이 오면
날쌘돌이 뽐내요

쪽동백 꽃잎 물고 바위틈 꽁꽁 숨어
혼잣말 이뻐이뻐 싫증도 금방금방
긴 꼬리 물보라 불러
소용돌이 만들지

항아리

양지쪽 올망졸망
장독대 우리 가족

한낮엔 입을 열어
햇볕을 흠뻑 먹고

밤이면
달빛을 덮고
도란도란 꿈꾼다

귀향

땅거미 포도 위로 잔잔히 깔려오면
출근부터 그리웠던 집으로 돌아온다
작업화 흙먼지 털고
겨운 하루 함께 턴다

젊은 날 부푼 꿈은 구름처럼 허망했고
치열한 경쟁 속에 생채기 많았지만
열심히 잘 지내왔다
꿈만큼은 아니지만

낯익은 보금자리 정겨운 이야기들
반찬은 된장찌개 식탁은 풍성하다
밤하늘 수놓은 별들
축복처럼 빛난다

우리 만나요

눈뜨는 새벽이면 창틈에 빛이 들고
귀 열고 다가서는 아침을 듣습니다
누구든 곁에 오세요
시작해요 오늘을

뿌려진 햇살에도 스치는 옷깃에도
반기는 눈인사로 건네는 말 한마디
처음 본 타인일수록
더 커지는 기대감

만나는 모든 사람 내 하루 가꾸는 꿈
이른 봄 씨앗 되어 움트는 새싹처럼
오늘도 소중한 만남
너에게로 갑니다

5부

은하수는 흐르고

· 은하수
· 일출
· 입춘
· 햇별 이불
· 빈집
· 유리화
· 짝사랑
· 집으로 가는 길
· 시선
· 평창강
· 조팝꽃 필 때면
· 테트리스
· 저녁 무렵
· 전주 경기전

은하수

주황빛 노을 따라 땅거미 밀려오면
하나둘 광년 멀리 하얀 꽃 피어난다
마침내 별꽃 이룬 강
흘러가는 미리내

남대봉 샘이 솟아 백운산 넘고 흘러
어디로 흘러가나 마음도 함께 흘러
한 아름 두 팔을 벌려
멀미 삼아 빙 돈다

내 마음 꿈을 실어 두둥실 띄워 볼까
비밀을 알기에는 너무나 작은 미물
밤하늘 뱃전에 누워
몸 두기가 서툴다

일출

수평선 흩트리며 펼치는 금빛 노을
물거품 전율하며 방파제 부서지고
등댓불 저 먼저 지쳐
새벽잠에 빠진다

밤새운 오징어 배 부두로 돌아오면
아쉬운 수평선만 금물결 품에 안고
첫새벽 춤추는 파도
망향가를 부른다

지워진 발자국은 버려진 슬픈 기억
새 태양 오늘따라 유난히 맑게 떴다
백사장 긴 파도 물고
부서지고 또 부순다

입춘

눈 쌓인 외딴 언덕 미끄럼 타는 훈풍
솔가지 더께 앉아 겨우내 고민하다
실바람 남풍에 실려
엎어지듯 떨구고

닫았던 가슴 가득 잔물결 흐를 즈음
복수초 눈밭 뚫고 간신히 피는 뜻은
한겨울 깊은 잠에서
깨어나기 바란 소망

눈마저 녹았다면 얼마나 좋았을까
입춘이 오늘인데 콧날을 베는 바람
연초록 가슴 한구석
피어나는 노란 꽃

햇볕 이불

옥탑방 쪽창 문밖
홑이불 널려있다

낮도록 고루고루
햇살에 말리거든

힘겹게
일하신 아빠
햇볕 찜질해 주렴

빈집

주천강 돌던 바람 싸리문 모로 서서
개망초 마당 넘어 인적을 찾아본다
잡초가 무성한 지붕
가을볕이 머물고

한여름 작열하던 햇살이 머물던 뜰
이 빠진 싸리비는 봉당에 버려진 채
한 번도 마르지 않던
물 펌프는 녹슬고

문지방 닳고 닳아 넘나든 고무신짝
도천강 징검다리 숱하게 넘었건만
주인은 오간 데 없고
담쟁이만 무성 타

유리화

침묵의 빛 소리가 물결로 굽이친다
덧칠도 없는 틈은 납으로 그어 놓고
벽 안의 못 채운 공간
말끔하게 메웠다

부단한 문을 열고 펼쳐진 하늘을 봐
내재한 앙금조차 씻은 듯 맑잖은가
비로소 불을 꺼야만
더 빛나는 수채화

말없이 듣는 소리 빛으로 그린 그림
저마다 가슴 열어 한 아름 빛을 담고
채워도 다 차지 않을
너의 답을 듣는다

짝사랑

단 한 번 스친 눈빛
달콤히 베인 가슴

손끝에 닿고 싶어
눈가에 담고 싶어

닫아건
창문에 서서
홀로 키운 생채기

집으로 가는 길

시간이 됐나 보다 앙상한 느티나무
풍성한 여름 잎새 모두 떨구고서
찬 바람 곁가지 스쳐
파르라니 떨린다

내딛는 걸음 따라 마른 잎 밟는 소리
땅거미 내린 외길 먼 길을 돌아왔다
이제야 황혼 속으로
바람처럼 안긴다

온종일 겨운 앙금 문설주 기대 놓고
작업복 벗어 걸고 신 벗는 저녁나절
잘 지낸 하루하루가
한평생을 엮었다

시선

동구 밖 바람 인다, 사방이 흙먼지다
할머니 벌써 알고 달려갈 빨랫줄엔
저고리 바싹 마른 채
너풀너풀 춤춘다

물그릇 사료 그릇 텅 빈 채 뒹굴어도
주인님 떠난 뒤론 식욕도 멈추었나?
빨간불 매단 자동차
눈 빠지게 찾았다

정겹던 기침 소리 따뜻한 주름진 손
아무도 오지 않아 그나마 텅 빈 마루
애타던 눈길 너머로
빗줄기만 뿌옇다

평창강

흐르는 물결 따라 뭍으로 쌓인 앙금
모래펄 덮인 사연 비밀로 숨겨두고
대관령 계곡물 모아
낯선 강을 이뤘다

찬란한 아침 태양 물비늘 얼비추면
굽이쳐 흐른 눈물 마를 새 없겠지만
섶다리 놓였던 자리
마른 억새 무성 타

고라니 짝을 찾는 메아리 돌아오면
애달픈 이내 사랑 물안개 흩뿌리고
어디로 흐르는 걸까
갈 길 잃은 몸부림

조팝꽃 필 때면

흰쌀 꽃
빙 둘러친
할머니 산자락 밭

내년엔 뭘 심을까
쪼그려 고민 고민

애꽃은
울타리 뜯어
야금야금 맛본다

테트리스

예측은
날카롭게
행동은 정확하게

힘들게
쌓아온 탑
때로는 모로 서도

사각 틀
채울 때까지
쉴 새 없는
몸부림

저녁 무렵

태양이 서성인다 하루가 저무는가
창밖은 아직 미명 의식만 채비하여
땅거미 젖는 거리를
안개처럼 거닌다

뼈와 혼 나눠 놓은 노을빛 저 빛일까
온종일 걸어온 길 단 한 번 불꽃 되어
차가운 어둠 속으로
절규하듯 잠기면

눈 감고 잠이 들면 새벽이 다시 올까
저 혼자 요람으로 스며든 의식 하나
윤회의 달콤한 갈망
기대하는 그 시간

전주 경기전

햇살이 눈 부시면 꽃들이 만개하나
전각 옆 노송 가지 연초록 짙어지고
대숲은 향기를 몰아
사람들을 끌었다

이성계 영정 앞에 향 끝에 불 피우고
뒤돌아 돌담 아래 물 담긴 향로 그릇
잡신도 깜짝 놀라서
비켜서는 한나절

속세에 부단한 맘 비켜설 틈도 없이
흐르는 인파 속에 취한 듯 어지럼증
먼 역사 뒤안길에서
꽃 양산을 펼친다